EXPOSÉ SUCCINCT

des évènemens qui ont eu lieu dans le département de la Drôme depuis l'invasion de Bonaparte en France jusqu'au 7 avril 1815.

I.

La France, dégagée du joug du plus affreux despotisme, commençait à respirer. Déjà, à l'aide des soins paternels d'un Monarque généreux, elle voyait se cicatriser des blessures qu'une main cruelle avoit aggrandies. Le calme renaissait, et sous son ombre protectrice venaient se rallier tous les attributs de la paix qui composent le bonheur des peuples, lorsque Bonaparte, débarqué au golphe de Juan, près de Fréjus, apparaît comme un sanglant météore, vient menacer l'édifice commencé de notre bonheur, et dissiper les espérances flatteuses que les gens de bien avoient conçues.

Les départemens exposés à la contagion de sa présence, durent les premiers en ressentir l'influence pernicieuse; aussi le département de la Drôme eut-il à lutter contre la masse des moyens perfides employés pour le corrompre.

Le 4 de mars, l'on apprit à Valence ce funeste débarquement. Cette nouvelle agita les esprits. Le commandant de la garde nationale, fidèle à son serment, prit toutes les mesures que la circonstance lui suggérait. Il se hâta de faire un rapport de cet évènement à son Ex. le général en chef comte Dessolle, lui donna les renseignemens qu'il put se procurer sur la marche des rebelles, et lui indiqua tous les moyens qu'il croyait propres à arrêter le torrent.

La lenteur réfléchie que le général de la subdivision et le préfet mirent à faire la moindre disposition, donna au commandant, qui déjà soupçonnait leur fidélité, la mesure de leur zèle. Voyant le peu de fond qu'il pouvait faire sur eux, il assembla la garde nationale et les gardes d'honneur, leur rappela leur loyauté et leurs sermens. Toute cette brave jeunesse et soixante gardes nationaux répondirent à cet appel fait à l'honneur; et s'enrôlèrent avec le plus grand enthousiasme pour marcher contre l'ennemi de la patrie. Cet élan de courage pouvait la sauver ; il eut donné l'impulsion à la France entière. Mais les traîtres portaient dans l'ombre des coups assurés ; ils trouvaient dans leur affreux système de démoralisation, et dans la composition gangrenée des autorités supérieures, les moyens de paralyser ce mouvement généreux.

Le 6, le commandant de la garde nationale proposa au lieutenant général Mouton-Duvernet de faire évacuer la troupe de ligne sur des points plus éloignés de l'action, afin d'empêcher le contact de la trahison, de sonner le tocsin pour réunir en un centre commun tous les hommes dévoués que leur patriotisme appellerait à la défense du pays ; il se fit fort d'arrêter la marche du fugitif de l'île d'Elbe et de ses adhérens. Donnons ici un libre cours à notre juste indignation, et osons dire à la France entière qu'il s'est trouvé des Français assez dénaturés pour trahir leurs sermens, pour déchirer le cœur du meilleur des Rois, pour protéger de leurs cris séditieux, de leurs vœux sacrilèges, de leurs armes parricides, l'audacieuse et folle entreprise d'un usurpateur.

Le 7, le général Mouton-Duvernet se rendit à Die, accompagné de M. le maréchal-de-camp Quiot. On ne s'aperçut nullement que les circonstances urgentes l'eussent disposé à mettre les troupes en mouvement, et surtout à seconder l'ardeur des gardes nationales qui n'attendaient que le moment de donner des preuves du bon esprit qui les animait.

Le 8, un officier d'artillerie chargé de dépêches de Bonaparte pour le général Mouton-Duvernet et pour le préfet de la Drôme, annonça à plusieurs personnes qu'il ne soupçonnait pas être dévouées à la bonne cause, que Napoléon était entré la veille dans Grenoble; mais il n'ajoutait pas que la trahison de quelques infâmes, et les menées de la plus vile populace, lui en avaient ouvert les portes. Le bruit s'en répandit aussitôt. Les officiers de la gendarmerie remplirent leur devoir en faisant arrêter ce nouvel émissaire.

Le général Mouton-Duvernet revint de Die sur les six heures du soir. Le préfet, toujours actif pour les intérêts du despote, se rendit en toute hâte auprès du général Mouton. Ils conférèrent à l'écart sur la conduite qu'ils devaient tenir, et le résultat de leurs délibérations fut l'élargissement de l'officier d'artillerie.

Le 9, à 10 heures du matin, un colonel se disant chargé par le ministre de la guerre d'une mission dans le Midi, descendit chez le chef de l'état-major. Ses propos, la joie perfide qui brillait dans ses regards, ne laissaient aucun doute sur la nature de ses instructions. A neuf heures du soir, une seconde dépêche de Bonaparte parvint à l'autorité supérieure. A peine le contenu en fut-il révélé, que le général Mouton disparut pour se joindre au parti des rebelles.

Le 10, à une heure et demie du matin, le commandant, averti que deux étrangers dont l'extérieur inspirait la défiance, étaient descendus à l'hôtel du sieur M***, y courut sur le champ, fit placer à la porte extérieure de l'hôtel une sentinelle pour surveiller leurs démarches, avec injonction d'empêcher leur évasion, rendit compte de cette mesure à M. le général Quiot, commandant du département, qui donna l'ordre de se saisir de leurs personnes. Le commandant de la garde nationale se transporta aussitôt avec deux gendarmes à l'hôtel du sieur M***. Il y trouva les deux étrangers en question assis à une table;

et prenant leur repas. Sommés de lui déclarer qui ils étaient, d'où ils venaient, et quelles étaient leurs intentions, ils se levèrent surpris de cette subite interpellation, et l'un des deux, c'était le général Debelle, déclara être envoyé par l'empereur Napoléon pour commander le département de la Drôme. Le commandant repliqua avec fermeté qu'il ne reconnoissait d'autre autorité légitime que celle de Louis XVIII, et aussitôt après il les constitua prisonniers. Alors le général Debelle crut intimider ce brave officier en prenant un ton hautain et approprié à la nature de son rôle; mais sur l'observation qui lui fut faite, que l'hôtel allait être investi par la garde nationale, et que sa résistance pourrait avoir pour lui des suites fâcheuses, il crut prudent de se calmer. Il demanda à voir le général Mouton et le préfet. Celui-ci arriva, et le premier usage qu'il fit de son autorité, fut de mettre en liberté le général Debelle.

Le même jour, un officier envoyé par le département de l'Ardèche, se présenta à Valence et annonça que des gardes nationales de ce département, formant un corps assez nombreux, venaient se ranger sous les drapeaux de leurs frères d'armes, et réunir leurs nobles efforts pour combattre le tyran. Mais M. le préfet qui, sans doute, avait déjà ses instructions, s'opposa de tous ses moyens à leur réception. Ces braves défenseurs, indignés qu'on rejetât leurs offres, et qu'on eût relâché l'émissaire de Napoléon, se retirèrent à Saint-Peray, dans l'intention d'y attendre de nouveaux ordres.

A quatre heures après midi, le major d'artillerie, Deschamps, muni des pleins pouvoirs de Bonaparte, arriva à Valence pour prendre le commandement de l'artillerie et possession de la ville au nom de son maître; mais les mesures fermes et prudentes du commandant, secondé du bon esprit qui régnait dans la ville, et que les armes favorites du despote, la terreur et la séduction, n'avaient point encore ébranlé, firent échouer les entreprises hostiles de cet émissaire.

Plusieurs généraux de Bonaparte qui se rendaient dans le midi pour propager les principes révolutionnaires, et arrêter l'élan des peuples, furent interceptés dans le cours de leur *honorable* mission, par le commandant; mais M. le préfet se trouvait toujours fort à propos pour les mettre en liberté.

Le 11, le commandant de la garde nationale fit arrêter un adjudant de lanciers, portant à son schakos l'aigle impériale, et dont la mission paraissait être du plus haut intérêt pour le parti : déjà la trahison gagnait de proche en proche. Les adhérens de l'usurpateur pouvaient se livrer à leurs odieuses espérances. La terreur planait déjà sur les esprits inquiets; mais l'incertitude dans laquelle les partis flottaient encore, n'avait pas rehaussé la férocité des uns, ni abattu totalement le courage des autres. Des soldats d'artillerie, au mépris de la discipline et des ordres du général Quiot, ayant forcé l'autorité à délivrer l'adjudant, le peuple, justement effrayé de cet attentat à la subordination, ne put s'empêcher de faire éclater son indignation.

Le même jour, la nouvelle qui annonçait l'entrée de Bonaparte à Lyon, et qui rapportait à la France le joug de fer dont elle avait éprouvé si long-temps les cruelles étreintes, répandit sur l'horizon un voile funèbre. Il fallait toute la force que donne le sentiment intime de la plus juste des causes, et toute la valeur des véritables défenseurs du trône, pour qu'ils ne fussent point abattus par cet évènement.

Alors parurent les avant-coureurs de Bonaparte, armés de tous les artifices que son génie infernal sait si bien mettre en œuvre, promesses, séductions, menaces, tout fut employé par ces perfides artisans de crimes, pour corrompre ou épouvanter les fidèles serviteurs du Roi.

Le 13, M. le chevalier de la Bareyre fit partir pour le midi un officier de la garde nationale, intelligent et brave, M. Adrien Dupont, muni des pouvoirs et instructions nécessaires, pour lier les opérations urgentes de sûreté avec les autres commandans, établir des communications, et surtout un point central pour procéder avec le plus de célérité possible à l'organisation d'une armée royale.

Le même jour un aide de camp du parti rebelle parut à Valence, arborant la cocarde tricolore. Il eut l'astucieuse audace de proclamer, que le Roi ne se sentant point la force de tenir les rênes de l'état, avait solennellement abdiqué, et s'était embarqué pour l'Angleterre. Le commandant démasqua cette imposture, et dévoila tous les moyens odieux employés par les agens de Bonaparte, pour égarer la crédulité du peuple.

Le 14, le commandant reçut du général

Mouton-Duvernet, une lettre dans laquelle cet officier général, à travers un voile de modération apparente, laissait percer adroitement l'intention de l'attirer dans son parti. Mais cet officier, plein d'honneur et de loyauté, communiqua sur-le-champ aux autorités municipales l'ouverture qui lui avait été faite, et leur déclara, avec toute la chaleur et la véhémence que peut inspirer l'horreur de la trahison, qu'un vrai Français ne pouvait combattre que sous l'étendard des lis.

Le 15, le général Debelle revint reprendre, au nom du soi-disant empereur, le commandement du département de la Drôme, bien certain de ne trouver aucune opposition de la part des autorités supérieures que la terreur semblait avoir déjà enchaînées. Alors l'étendard révolutionnaire, ce signal de la révolte, remplaça sur l'hôtel de ville le drapeau sans tache, simbole de la fidélité. Les ordonnances du Roi relatives à l'évasion de Bonaparte et aux mesures à prendre pour se saisir de sa personne, ne purent être affichées dans la ville, quelques efforts que fît le commandant pour y parvenir, et malgré le vœu de la majorité des habitans.

Le 16, il n'en fut pas de même des proclamations de Bonaparte et de ses décrets. Ils furent affichés et promulgués par les ordres du nouveau commandant de la place; mais tel est le sentiment immuable de la justice, que ces décrets, loin d'être respectés par le peuple, furent lacérés par lui dans les rues et dans les places publiques.

Le 17, le commandant fut invité, de la part d'un fonctionnaire public, à faire une visite de corps au général envoyé par Bonaparte. Cette invitation fut reçue avec tout le mépris qu'elle méritait, et ce magistrat lui seul eut la faiblesse de rendre cette visite.

Le 18, MM. les officiers de la garde nationale, réunis d'après les injonctions de ce fonctionnaire, furent invités par lui à rendre leurs hommages au général de Napoléon; mais ils témoignèrent hautement la plus grande opposition à une pareille démarche. Piqué de leurs refus, il leur déclara que le général Debelle se proposait d'user de son autorité pour passer en revue toute la garde nationale. Le commandant était présent à cette scène. Il déclara, au nom de MM. les officiers, qu'ils partageoient tous les mêmes sentimens; qu'ils avaient juré d'être fidèles à l'honneur et à leurs sermens, que, par conséquent, ils ne pouvaient reconnaître le général Debelle, et que d'ailleurs la réunion de la garde nationale ne devant et ne pouvant avoir lieu que sur une réquisition des autorités locales, il était nécessaire qu'elle leur fût intimée.

Les agens du parti rebelle instruits du peu de succès de cette tentative, et de la manière énergique avec laquelle le commandant de la garde nationale, interprète des sentimens de ses concitoyens, les avait exprimés, travaillèrent sous mains, pendant les journées des 19, 20, 21 et 22, à exciter contre lui la populace. Ils répandaient le bruit que les fréquens voyages de cet officier dans le département de l'Ardèche, n'avaient pour but que d'y organiser un fort parti royaliste, et de marcher sur Valence.

Le 23, on apprit que le crime le plus inouï était consommé, que Bonaparte s'était introduit à la faveur des ténèbres dans Paris stupéfié; que la joie des révolutionnaires était montée jusqu'au délire, et que leur funeste triomphe présageait de grands malheurs à la patrie. Dès lors, on commença à entendre dans Valence les cris séditieux de *vive l'empereur!* et la sûreté des véritables défenseurs du trône dût être compromise, et par la rage des factieux et par leurs sinistres projets de vengeance.

Le 24, le général Debelle donna ordre aux officiers, sous-officiers et soldats à demi-solde ou en retraite, de se trouver au Champ-de-Mars. Ceux qui se présentèrent furent organisés en compagnies, firent sur-le-champ des patrouilles, et le gouvernement de fer de Bonaparte reprit sa rigueur accoutumée.

Le 25, les patrouilles et les postes de ces nouvelles compagnies reçurent l'ordre de préluder par l'arrestation du commandant de la garde nationale, au cas qu'il se présentât pour passer le Rhône.

Le 26, des gens de l'aspect le plus hideux remplirent la ville de leurs vociférations, et augmentèrent le trouble. Les menaces qu'ils proféraient, faisaient craindre les plus terribles excès. C'est alors que le commandant crut devoir conjurer l'orage en changeant de domicile.

Le 27, le tumulte fut à son comble; des militaires en retraite et à demi-solde, que la séduction avait égarés, et des sicaires de la plus vile espèce, parcoururent tumultuairement la ville, escortés d'une musique bruyante; ils vomissaient des imprécations contre les nobles,

les prêtres et les royalistes, qu'ils proscrivaient en masse. Ils menaçaient plus particulièrement le commandant. Cet officier, qui avait épuisé tous les moyens disponibles pour s'opposer à ce désordre, céda aux instances de ses amis et aux dangers imminens qui s'accumulaient, en pourvoyant à sa sûreté. Dès lors les succès de l'usurpateur furent appuyés des mesures les plus révolutionnaires, et Bonaparte trouva dans ses satellites les exécuteurs les plus empressés.

La journée du 28 fut un peu moins tumultueuse.

Le 29, le général Debelle fit battre la caisse pour rassembler la garde nationale au Champ-de-Mars. La plupart des individus qui se présentèrent n'en faisaient point partie. Les officiers qui ne voulurent point obéir, furent de suite remplacés. Le nouveau commandant fit désigner vingt hommes par compagnie pour marcher contre l'armée de S. A. R. Monseigneur le duc d'Angoulême, qui s'avançait sur Montélimart. Quelques hommes seulement de la garde nationale consentirent à les suivre.

Le 30, des corps d'infanterie et de cavalerie, composés de militaires à demi-solde ou en retraite, se mirent en marche pour arrêter les troupes fidèles de sa Majesté. Ils avaient formé un escadron avec des chevaux d'un grand nombre de particuliers, dont ils s'étaient emparés de vive force. Des gendarmes ne furent point les derniers à prendre part à ces violences.

Le 31, il y eut quelques engagemens en avant de Montélimart; quelques officiers à demi-solde restèrent sur la place, un plus grand nombre fut blessé.

Le 1er avril, trois cents hommes du 42e régiment de ligne arrivèrent à Valence par le Rhône, pour grossir l'armée des rebelles. La tranquillité commençait à renaître dans la ville. Les boute-feux révolutionnaires et les gendarmes l'avaient abandonnée pour se répandre dans les campagnes, y propager l'insurrection à l'aide des mensonges les plus grossiers. Tout l'attirail des grands mots propres à fasciner les yeux d'un peuple crédule, fut déployé par ces missionnaires armés. Ils proclamaient partout que les royalistes avaient en dépôt dans leurs maisons des magasins d'armes et de poudre, qu'ils voulaient massacrer les acquéreurs de domaines nationaux, rétablir la dîme et les droits féodaux. Le génie infernal de la révolte n'avait que trop calculé l'impression que devaient faire sur des paysans si faciles à tromper, des propos absurdes qu'ils étaient sûrs que la crainte leur ferait admettre sans réflexion.

Le 2, le peuple des campagnes fut soulevé et disposé à marcher contre l'armée royale. Quelques maisons furent dévastées. Les perquisitions les plus sévères furent faites dans les châteaux; des dégâts y furent commis. La terreur gagnait de proche en proche avec une effrayante rapidité. Déjà le parti des gens de bien n'avait plus en perspective que la mort, lorsque les esprits furent rassurés par la nouvelle qui se répandit fort à propos de la victoire complète remportée au pont de la Drôme, sur l'armée rebelle, par S. A. R. Monseigneur le duc d'Angoulême, ce digne prince, que la perfidie et la malignité des ennemis de sa race ont voulu souiller de leurs poisons, mais qui a su leur prouver sur le champ de bataille, que les talens, la bravoure et la fermeté sont héréditaires dans son auguste famille; et que le sang des Bourbons ne dégénère jamais. Quelques brigands, reste impur de ceux qui s'étaient portés en avant, enfoncèrent les portes des magasins des effets militaires, sous le prétexte de s'armer et de s'équiper. Ils pillèrent tout ce qui tomba sous leurs mains, et se sauvèrent avec leur proie. Le préfet, le général Debelle, accompagnés de toute la tourbe révolutionnaire, se retirèrent sur la rive droite de l'Izère, et travaillèrent sans relâche à soulever la population, ainsi qu'ils l'avaient pratiqué sur la rive opposée.

Le 3, Monseigneur le duc d'Angoulême entra dans Valence et fit prendre à son armée des positions avantageuses sur l'Isère. Le commandant de la garde nationale reprit des fonctions qu'il avait si dignement remplies, et fut chargé en outre par S. A. R., d'organiser des bataillons royaux dans la septième division. Cette mission éprouva les plus grandes difficultés. La terreur secrète qu'inspirait le despote, et surtout les menaces hardies de ses satellites, comprimaient l'élan des bons citoyens et faisaient taire leurs véritables sentimens. Alors le duc d'Angoulême, convaincu de l'inutilité de cette tentative, confia au commandant le soin de réunir auprès de sa personne tous les militaires de la maison du Roi, que leur bravoure appelait à partager les dangers de leur prince.

Le héros du Midi, ce digne petit fils de

Henri IV, se vit contraint par les machinations sans nombre de la plus noire perfidie, d'ajourner la gloire de sauver la patrie et d'opérer sa retraite ; ce qu'il exécuta le 7 d'avril, avec toute l'habileté d'un général consommé.

Qu'il était douloureux pour un Français d'être obligé d'abandonner une si sainte cause, et de voir les efforts d'un prince intrépide annihilés par les projets hardis des factieux et les trames inextricables de la plus insigne trahison.

Le commandant de la garde nationale, dont le courage ne se laissait point abattre, connaissait parfaitement toutes les ressources locales que présentait le département de l'Ardèche. Il fit part à M. le baron de Damas, gouverneur de Valence, dont il avait eu souvent l'occasion d'admirer le dévouement et la bravoure, du projet hardi, quoiqu'un peu tardif, de se porter en Vivarais, où l'armée royale adossée à des montagnes ardues et de difficile accès, trouverait de nouveaux renforts, s'emparerait des défilés, et tiendrait long-temps en échec, dans des positions formidables, l'armée des rebelles. Des circonstances fortuites empêchèrent l'exécution de ce projet ; quelque décisif qu'il pût être, et le conseil prit un autre parti. Le commandant fut invité au nom du prince à se retirer dans l'endroit qui lui offrirait le plus de sûreté, jusqu'à ce que l'utilité de ses services fût réclamée de nouveau. Il obéit. Des passeports lui furent expédiés, avec injonction à tous les corps royaux de lui donner aide et protection. Il se porta sur-le-champ dans le département de l'Ardèche, où le parti royaliste rassemblait ses nombreux défenseurs. Il y trouva MM. d'Indy, Planta de Wildenberg, de Cachard, Dubay, Tastevin, Lagarde, Sabattier et autres braves réunis et occupés à empêcher, avec tout le zèle possible, la réunion des militaires et des conscrits au parti rebelle, et le recouvrement des impositions qui devaient grossir les trésors de l'usurpateur. Mais bientôt toute cette troupe fidèle fut poursuivie avec acharnement par le parti de l'insurrection. Alors le commandant se rendit en toute hâte à Lyon, où, de concert avec M. le vicomte de Barrès, si distingué par ses principes, son désintéressement et sa fidélité, il fit tous les efforts que lui dictait son devoir pour raviver l'opinion publique, et, par une correspondance très-active, tenir les royalistes des départemens de l'Ardèche et de la Drôme au courant des nouvelles qui pouvaient intéresser le parti de l'honneur.

Le lendemain de son départ de Valence, les rebelles se portèrent en armes aux châteaux de quelques personnes que leur attachement au Roi leur avait rendu suspectes. Ils y commirent toutes sortes d'excès, enfoncèrent des armoires, brisèrent les glaces et les vitres, pillèrent tout ce qui se trouvait à leur discrétion, et dans leur rage, détruisirent tous les meubles qu'ils ne purent emporter. Les propriétés du commandant de la garde nationale furent les plus maltraitées; les pertes qu'il a éprouvées, seront long-temps irréparables.

A peine arrivé à Lyon, cet officier ne tarda pas à y être dénoncé. Il n'eut que le temps de prendre la fuite. Dans son voyage, il fut exposé aux rencontres les plus fâcheuses et souvent obligé d'errer à l'aventure. Quelque pénible que fût sa situation, il ne manqua aucune occasion de faire parvenir aux royalistes de Lyon, de l'Ardèche et de la Drôme, tous les renseignemens précis qu'il pouvait se procurer sur les variations de la politique et le cours des évènemens, afin qu'ils pussent propager dans ces provinces les nouvelles favorables à la cause du Roi.

Enfin la providence ayant permis la réparation du plus horrible des attentats, et armé, pour sa vengeance, le bras des peuples et celui des souverains de l'Europe, intéressés pour la sûreté de leurs sujets et la dignité de leurs couronnes, au soutien de la légitimité des Rois, le crime, et ses adhérens ont fui le séjour de la belle France qu'ils avaient profanée. Le despote est relégué dans une île inaccessible, sous la garde et la garantie des puissances, et réduit à l'impossibilité de nuire, il y ronge le frein mis à l'insatiable ambition qui le dévore, et expie sa coupable audace par le désespoir qui assiége son ame d'airain. Qui pourrait maintenant, sans se rendre criminel, sans renier le beau titre de Français, s'avouer partisan du plus cruel ennemi de la patrie, de celui qui a appelé sur cette France, qui n'était point faite pour lui, tous les fléaux de la guerre la plus désastreuse, de celui qui, peut-être, par un caprice de son génie bizarre, se rit de tous les malheurs qu'il a consommés, et qui laisse enfin au meilleur des Rois qu'il a abreuvé d'amertume, la glorieuse mais pénible tâche de nous sauver de ses fureurs!

Les fidèles serviteurs du Roi ont donc vu triompher la cause de la justice, et tous leurs vœux les plus chers ont été exaucés par la providence. Ils ont revu ce Roi et ces Princes vraiment français, qui ne respirent que pour nous. Ils les ont accompagnés de leur amour et de leurs acclamations. Le commandant de la garde nationale de Valence, empressé de satisfaire des premiers aux vœux de son cœur, a eu le bonheur de renouveler, dans la ville de Saint-Denis, à S. A. R. Monsieur, les sentimens de son inviolable fidélité, et d'être associé au glorieux avantage d'escorter Sa Majesté à sa rentrée dans sa Capitale, et de la voir se replacer sur le trône de ses pères.

Maintenant cet estimable officier, heureux du bonheur de son Roi, trouve la consolation des souffrances et des pertes qu'il a éprouvées dans le sentiment de ses devoirs, dans son absolu dévouement à son prince, et dans l'espoir que des jours plus sereins vont luire pour la patrie ; que les Français, désormais revenus des erreurs qui leur ont été si funestes, et, convaincus que la paix et l'union sont les seuls moyens d'effacer les traces sanglantes des maux que le despotisme et le génie révolutionnaire ont accumulés sur la France, s'empresseront de seconder les intentions pacifiques et bienfaisantes d'un monarque si digne de leur amour, et se rangeront autour du trône d'un descendant de Henri IV, pour défendre ce palladium qui seul peut nous garantir le bonheur.

C. M^r.

Nota. Cet exposé est livré à l'impression pour lever le poids de l'accusation qui semble peser sur le département de la Drôme. Ce département, par sa position géographique, s'est trouvé des premiers exposé à l'invasion, et livré, par le défaut d'action des autorités supérieures, à tous les genres de séduction du parti rebelle, et surtout à la plus terrible des armes, celle de la terreur.

Les faits contenus dans cet exposé sont revêtus de toute l'authenticité possible, et relatés en substance dans les certificats dont la teneur suit :

Certificat délivré par MM. les gentilshommes et notables habitans des provinces du Dauphiné et du Vivarais.

Nous, gentilshommes et notables habitans des provinces du Dauphiné et du Vivarais, certifions qu'il est de notre particulière connaissance que messire Alexandre-Laurent Garnier de la Bareyre, chevalier de la légion d'honneur, membre du collége électoral du département de la Drôme, colonel commandant la garde nationale de Valence, a été le premier dans le chef-lieu du département de la Drôme à proclamer lui-même, en avril 1814, à la tête de la garde nationale, le retour de S. M. Louis XVIII au trône de ses ancêtres.

Qu'au retour de Bonaparte en France, cet officier supérieur s'est conduit avec le plus grand zèle, le plus entier dévouement, et avec la plus rare intrépidité pour la cause du Roi; qu'il a tenu dans l'obéissance le département de la Drôme jusqu'au 23 mars, en arrêtant les généraux envoyés par Bonaparte, et en contenant les perturbateurs; qu'à cette époque, il fut destitué du commandement de la garde nationale par les autorités rebelles, qui donnèrent des ordres pour le faire arrêter.

Qu'à l'arrivée de l'armée royale, commandée par monseigneur le duc d'Angoulême, il reprit le commandement de la garde nationale, et alla au-devant de Son Altesse Royale, qui daigna l'honorer de sa confiance, en le chargeant de l'organisation et du commandement des corps royaux dans la septième division militaire; qu'après le licenciement de l'armée royale il a été proscrit, que son château de Todure a été entièrement pillé et ravagé, et que, réfugié en Vivarais, et successivement à Lyon et à Paris, il n'a pas cessé de servir la cause du Roi, en entretenant, par une correspondance très-active, des intelligences avec les royalistes de Lyon, de la Drôme et de l'Ardèche; qu'il a été le 7 juillet à Saint-Denis, renouveler à ses princes légitimes son zèle et sa fidélité, et qu'il a eu le bonheur, le 8, de faire partie de l'état-major qui a accompagné le Roi dans sa capitale et dans son château des Tuileries.

Qu'en un mot, le chevalier de la Bareyre s'est conduit d'une manière si distinguée pour le service du Roi, ainsi que toute sa famille, et notamment son frère aîné, qui a partagé son dévouement et ses périls, que nous lui avons délivré le présent, pour lui servir et valoir au besoin.

Ce 25 *juillet* 1815.

Signé d'Arbalestier de Montclard; le vicomte de Barrès; Hippolyte, marquis de Chabrillant, gentilhomme d'honneur de Monsieur, frère du Roi; comte Sampigny d'Issoncourt, capitaine; Fortuné, comte de Chabrillant, officier supérieur de la compagnie des chevau-légers de la garde du Roi; le comte de Saint-Vallier, pair de France; le comte de Barjac; de Malhan, ex-grand-prieur de l'abbaye de Clervaux, chanoine honoraire de Bordeaux; d'Audigier, garde-du-corps du Roi; de Beaux de Plovier fils; du Bay, garde-du-corps du Roi; le chevalier de Sampigny; le chevalier de Barjac de Rocoulles; Victor de Châteauvieux, garde-du-corps du Roi; L. d'Arbalestier, capitaine aide de camp du général d'Hagronville; d'Indy aîné; le colonel baron de Bruyères-Saint-Michel, aide de camp du ministre d'état comte Dessolle; du Bay, maire de Saint-Peray, chevalier de la légion d'honneur; le chevalier de Villeneuve-la-Roche (Alexis), chevalier de Saint-Louis; le lieutenant-général d'artillerie baron Pernety; le comte de Bonfils; le chevalier de Cachard, major d'artillerie de la garde du Roi.

Je soussigné, colonel du 10e régiment de ligne (colonel-général), ayant eu l'honneur d'être employé sous les ordres de Son Altesse Royale Monseigneur le duc d'Angoulême, certifie la vérité des faits ci-dessus relatés. Le zèle et l'influence de M. de la Bareyre furent très-utiles à la cause royale pendant le séjour que l'armée fit à Valence. En foi de quoi j'ai signé.

Signé le maréchal-de-camp comte Louis d'Ambrugeac; le comte de Chabrières; l'abbé de Chabrillant, aumônier du Roi; le comte de Granoux, chevalier de Saint-Louis.

Je certifie qu'à l'époque où S. A. R. monseigneur le duc d'Angoulême, dont j'avais l'honneur d'être aide de camp, est entré, à la tête de son armée, à Valence, M. Garnier de la Bareyre s'est conduit de manière à correspondre aux faits ci-dessus mentionnés.

Signé le maréchal de camp, aide de camp, duc de Guiche.

Et plus bas:

De Bonne de Lesdiguières; Planta de Wildenberg, chevalier de Saint-Louis; le comte Alphonse de la

Devèze, capitaine de frégate; le marquis de Joviac; le marquis de Cabassolle; d'Indy, préfet du département de l'Ardèche; Dubouchage, préfet du département de la Drôme; Boveron-Desplaces, président du tribunal de Valence.

Pour copie conforme à l'original, qui nous a été représenté revêtu des signatures ci-dessus.

Le sous-inspecteur aux revues de la maison du Roi et de l'armée, faisant fonctions d'inspecteur de l'armée royale, *signé* Parseval.

Paris, le 14 août 1815.

Les membres de la chambre des députés composant la députation de la Drôme et de l'Ardèche, soussignés, certifient que les faits ci-dessus énoncés sont très-exacts, et que M. le chevalier de la Bareyre, ainsi que MM. ses frères, ont des droits bien fondés à la bienveillance du Roi et à la confiance du gouvernement.

Signé Gaillard, député de la Drôme; Hippolyte, marquis de Chabrillant, député de la Drôme; Saint-Vallier, *idem*; le chevalier de Cachard, député de l'Ardèche; Rouchon, *id.*; la Dreyt de la Charrière, *id.*; le comte C. de Vogüé, député de l'Ardèche, et inspecteur général des gardes nationales de ce département.

DE L'IMPRIMERIE DE PLASSAN,

www.ingramcontent.com/pod-product-compliance
Lightning Source LLC
Chambersburg PA
CBHW070454080426
42451CB00025B/2736